Clèmerson Merlin Clève

QUASE

Alguma Poesia

ARTE E LETRA

CURITIBA
2025

CAPA E PROJETO GRÁFICO FREDE TIZZOT

C 635
CLÈVE, CLÈMERSON MERLIN
QUASE ALGUMA POESIA / CLÈMERSON MERLIN CLÈVE. – CURITIBA : ARTE & LETRA, 2025.

176 P.

ISBN 978-65-87603-91-9

1. POESIA BRASILEIRA I. TÍTULO

CDD 869.1

ÍNDICE PARA CATÁLOGO SISTEMÁTICO:
1. POESIA : LITERATURA BRASILEIRA 869.4
CATALOGAÇÃO NA FONTE
BIBLIOTECÁRIA RESPONSÁVEL: ANA LÚCIA MEREGE - CRB-7 4667

ARTE & LETRA EDITORA
Curitiba - PR - Brasil
+55 (41) 3223-5302
@arteeletra
www.arteeletra.com.br
contato@arteeletra.com.br

Nota do autor

Esta obra reúne dois livros. Agora revisados, ambos foram escritos entre os anos de 1978 e 1982. O primeiro, *Amor Fati: poemas de idade jovem em tempos sombrios*, publicado inicialmente pela editora Máquina de Escrever, aglutina uma trintena de poemas que refletem as dúvidas de um universitário no período de chumbo, quando já apareciam sinais do crepúsculo do regime militar. Parecem por isso, à primeira leitura, fora do tempo. Mas no Brasil, do ponto de vista político, nada é fora do tempo diante da tentação cíclica de repetição dos mesmos erros. Há uma certa ironia no título. *Amor Fati* implica aceitar a dinâmica da vida, a imanência, o destino acumulado com o que nos é dado e aquilo que nos é tirado, como propõe Nietzsche em *Gaia Ciência*. A menção aos tempos *sombrios* revela, por outro lado, um juízo grave de valor que contrasta com a aceitação serena das vicissitudes do mundo da vida. O subtítulo, evocando um momento difícil, é devedor de conhecido poema de Bertolt Brecht, depois aproveitado por Hannah Arendt em magnífico livro (*Men in dark times*). São assim os versos de Brecht presentes em *Aqueles que virão depois de nós*:

> "Eu vivo em tempos sombrios
> Uma linguagem sem malícia é sinal de estupidez
> Uma testa sem rugas é sinal de indiferença
> Aquele que ainda ri é porque ainda não
> recebeu a terrível notícia
> Que tempos são esses quando

falar de flores é quase um crime
Pois significa silenciar sobre tanta injustiça?"

Imagino que a busca de si e a irresignação do desajeitado aspirante a poeta sejam, embora as décadas decorridas, plenamente compreensíveis.

O segundo livro, *Memória (quase) poética de uma temporada no céu*, antes publicado pela *Travessa dos Editores* contendo um único e longo poema, dividido em cantos (em romances, diria Cecília Meireles no seu inigualável *Romanceiro da Inconfidência*), com algumas passagens em prosa e muita infidelidade métrica, evoca a infância do autor em uma acolhedora cidade paranaense e o que foi ali magicamente testemunhado naquela altura repleta de inocência e descobertas. O título carrega certa ambiguidade. A morada da infância é o paraíso, a primeira casa que farta de ternura o coração, mas aquele céu testemunhou um processo dolorido de transformação radical que imprimiu cicatrizes irreparáveis no seu corpo. O céu aqui, neste ponto, bem poderia ser substituído pelo lugar menos convidativo retratado por Dante. O título, além disso, pode apresentar alguma *graça* emulando, com sinal trocado, o nome de famoso livro de Rimbaud.

O Quase (inspirado no prefácio de Mallarmé ao seu célebre *Un Coup de Dés*[1]) integra *a* designação da obra porque nem todos os poemas do autor estão nela presentes e, por outro lado, o que ouso chamar de poesia não tem compromisso

[1] "Aujourd'hui ou sans présumer de l'avenir qui sortira d'ici, *rien ou presque un art...*"

algum com o verdadeiro estatuto desta forma de expressão literária. Talvez não passe de prosa em forma de verso, acusação, aliás, sofrida por Brecht, tido como grande poeta por muitos e sofrível por outros tantos. Admirador do poeta e dramaturgo, prefiro ficar longe da contenda. Esta obra, portanto, apenas reproduz duas anteriores e não as tenho enquanto expressão de domínio dos segredos da melhor literatura, mas antes como singelo registro afetivo de um período existencial intenso voltado ao aprendizado. Não passa, no fundo, de mera brincadeira de um imperito poeta bissexto.

Curitiba, outono de 2025.

Clèmerson Merlin Clève

LIVRO I

Amor Fati

Poemas da idade jovem em tempos sombrios

"...quis tam crudeles optauit sumere poenas?
Cui tantum de te licuit?"
(Virgílio. Eneida, VI, 500).

APRESENTAÇÃO

Amor Fati e a arte de Clèmerson

Aqui neste lugar onde as gerações se encontram, nesta noite que tínhamos esperança que não acontecesse mais, neste momento em que nos debatemos para tentar chegar à tona — e nessa tentativa, nos acotovelamos, nos ferimos, deixamos de estender a mão para o próximo... Bem aqui, neste instante, chega um livro de outro tempo para falar do que julgávamos passado.

Mas a poesia nunca é passado. Ela ultrapassa os calendários e se instala onde os homens a precisam. Clèmerson sabe bem disso e trouxe de suas memórias um jeito delicado, forte, sensível e conciso de falar de assuntos assustadores. E também uma maneira de falar do belo, da natureza, a humana e a imprecisa como o baixar do sol na linha d'água: todo dia igual, todo igual diferente.

Com o empréstimo concedido aos poetas, e somente a eles, de palavras harmônicas e ritmadas, Clèmerson vai contando suas exigentes e universais histórias, o que nos coloca, todos nós que estamos do outro lado de sua imensa mesa, como espectadores de seus dias felizes, de seus dias de luta, daqueles dias que iniciaram essa caminhada de amor ao destino e de aceitação de cada nova curva dessa estrada que também é a nossa.

É bom saber que Clèmerson não cedeu à quietude, que mesmo sendo um servo infeliz de uma senhora que lhe exigia silêncios, tratou de reconhecer suas primeiras e intransferíveis condições: de homem, de inconformado, de observador e de denunciante de episódios que deveriam revoltar a todos.

A escrita deste pacto de aceitação da própria vida e das circunstâncias que se impuseram (e das que foram opcionais) não apenas sobrevive a várias camadas de entendimentos como também poderia, fosse o caso, passar por dura prova. León Tolstói escreveu, em 1898, *O que é arte?* livro que contestou padrões estéticos, econômicos e críticos para desaguar no conceito de que só é arte, boa arte, aquilo que promove comunhão entre as pessoas, que pode ser compreendido sem preparo prévio e que é instrumento de fraternidade e de crescimento. *Amor Fati* faz isso porque consegue não apenas tratar das particulares memórias do autor, que ainda traz cicatrizes mal curadas de um tempo, como também é um caminho direto de comunicação que até o mais ignorante de informações consegue compreender — a promoção de fraternidade e crescimento se explica em cada uma das linhas desse tratado, se explica no título, se explica na generosidade de não ocultar o que de algum modo está marcado no peito.

ADRIANA SYDOR
Graduada em Letras,
consultora pedagógica de portal educacional.
É redatora, colunista e editora.

PRELÚDIO

As evidências são evidências. Que não passam de evidências. Imagens deslumbrantes de fatos verossímeis. E as verdades são verdades que, por sua vez, não passam de evidências. Ou fantásticas mentiras.

Tiras de sonhos
de senhas
selo da sorte
morte do fato.

Do ato interior do desavisado escrevente. Da visão meditada das angústias que sente.

E o poema é evidência. Fantástica criação. Sentimento que passa. Mas que não passa jamais. Linhas imprecisas e sonoras, graciosas ou malvadas, doídas de pronunciar.

O poema positivo
a poesia maldita,
Fernando Pessoa
Manuel Bandeira

ou Edgar Allan Poe e
Augusto dos Anjos.

Daí porque são poemas: reflexo de sensações contingentes. Da realidade palpável do poeta. Do que vê. Do seu psiquê.

Eis porque as bruxas malvadas convivem com as fadas madrinhas.

Doce e azul
o fogo e o inferno.

Amor Ipanema
Copacabana é bacana.

Nada de mau aí. Apenas modos de ver a poesia. E a realidade. E a palavra. E a sua relação com a vida.

Poema verdadeiro
mentira lavada.

Palavras soltas
ritmadas.

Verbo trabalhado
lavrado
alinhavado.

A imaginação do autor.

O horizonte emergente. Perspectivas salientes
e um mesmo poema.

Papéis repletos de amor
lembrança
saudade!

E dor
paixao
ou só ilusão.

O verso de todos. Arquitetura específica.
Narrativa imagética manchando os olhos leitores.

Vê:
- a luminosidade do céu cai
sobre os homens.

O azul infinito
comove a todos.

Faz de nós
esperançosas criaturas
(mesmo em tempo de
sombras)

à espera de um brilho absoluto
que só alcançaremos
se nos dermos em troca.

O PEITO SE ABRIU

Um renascer
se mostra agudo
no lombo da pena.

Papéis guardados
limpos,
mortos, sem vida
retomam
o colorido do poema.

Revivem um pulsar
impotente
regando a semente
intensamente adubada.

São letras
rasgando linhas
dançando em voltas
por uma volta
que adiante virá.

E a folha deserta
que de tanta guarda
se mostra límpida
e sem verbo,

Hoje sofre alegre
os impulsos das frases
gravadas
em seu corpo.

Daí as cores, lendas
e dores.
O pão, a colheita
e o riso.

Vida inteira
mostrando-se inteira.

Nua, seus feitos
para quem quiser
vivê-la.

E o poeta feliz
segurando a caneta
sentindo no peito
a sensação de escrever.
Dando sentido
aos sentidos calados
(pelo tempo
até agora)
e que se libertam de vez.

O MELHOR POEMA

O melhor poema
faz propósito da palavra solta
e junta em feixes
os pedaços da folha infértil.

Diz pouco
direto e seco
sem fazer drama ou
                    apologia.

Desvela o peito
de quem o escreve
e só não comove
aquele que não o lê.

É o poema vida,
              o poema nó.

Desfaz o medo
e reconforta o infeliz
sublinhando o universal
sem negar o particular.

Mas não pinta em cores
o quadro incolor;
apenas mostra claro
o seu tom sem graça.

O melhor poema
não diz nada
se muito diz;
e diz demais
se desafina o sonho
de quem o lê.

Deve dizer o justo
sem se querer preciso.
Ou retratar a flor
de um jardim sem flor.

O melhor poema
o poema que não sei fazer;
o que não expressa nada
para quem não quer saber.

ELEGIA DO ÓCIO

Os vãos momentos
são tempos marcantes
na lembrança da gente

Porque o ócio
sendo a arte do nada
é condição para a vida boa.

O tempo trabalhado
segundo normas e padrões
se contenta,
de certo modo,

empobrece a alma
abalando as fantasias
dos homens que
sonham.

Fazer o estipulado
obedecendo o reto
e programado
pouco estimula
a criação e a ventura.

Antes inaugura
um misto de rotina e tortura

que exige
infinita paciência

de quem trabalha o dia,
como a tradição reclama,

(experimentando impotência
ou falta de imaginação).

Os vãos momentos
fecundam o mundo,
massa maleável,
suplicando (com aflição)
para ser moldada.

Educam o homem
para a liberdade,
(bem distante
das disciplinadas amarras).

DESCOBERTA

Somos tantos quantos
queremos ser
ainda que o ambiente
intente fazer de nós
um desenho seu.

Embora mergulhada
nas forças presentes,
também não será o acaso
a definir a existência.

Se a pedra rola abaixo
feito bola chutada,
ela o faz
porque uma lei
a obriga a rolar.

Agora, porém,
descendo a escalada
podemos nós mesmos,
contrariando a fortuna,
segurá-la no ponto
de onde parte
para o movimento no espaço.

Essa potência é segura
e o impedimento verdade,
daí com os efeitos do fato
a pedra não mais se desloca.

E se o fadário a moveu
mas sendo eu que a impeço
constituindo elo preciso
(que amarra a ferro o machado
destruidor do seu curso),
demonstro a verdade
do verso cantado no início.

Somos tantos quantos
desejamos ser.
Ainda que jungidos
a projetos frustrados,
arbitrários, danados
ou à energia pesada
de uma vontade de pedra.

Somos tantos quantos
almejamos ser,
somos Proteu
caminhando na ilha de Pharos.

VISÃO DO MAR

Mudei de quarto,
desci um andar
(afortunadamente!).
Daqui posso ver o mar
e a torre da igreja em frente
que admiro pela janela maior.

É uma visão que não tinha
até ontem.

Não diviso o sol pelas manhãs,
mas à tardinha posso vê-lo cair
sobre o imenso oceano azul,
colorindo o alcance do olhar.

As madrugadas não são tão belas
como as de ontem.

Não vejo, agora, o dia raiar
porque no alvorecer o sol não penetra
pelos vãos da parede paralela à cama.

Mas fico atento quando o dia finda.

Vejo o movimento da cor púrpura
lentamente pintando o leito
das mansas e salgadas águas da baía,
residência das prejerebas e das corvinas que
almoço de quando em vez.

É um quadro comovente.
Estimulante o bastante para me convencer
a permanecer nesta casa que faço morada.

Que será eterna
enquanto dure o canto dos pardais
          nas manhãs, cedinho,
                    quando acordo
                              costumeiramente.

NA AREIA

Corri pela praia
ensaiando passos
vigorosos.

Cuspi no chão luzente
do amanhecer
contaminando a areia da costa.

Não pensei que os grãos
desolados
da orla atlântica
fossem tão frágeis,
como os percebo agora.

A errática linha
que ouso seguir
confirma a fragilidade
da natureza que piso.

Desço a mão direita
até alcançar os pés,
pressionando-a quando
em contato com o solo.

Sujo os vãos inúteis
entre a unha e a carne,
sentindo entre os dedos

o líquido viscoso e sebento
que soltara há pouco.

Lembro-me do que,
                    na altura,
passava pela minha mente.

Nada de significativo para um poema,
                         era mais um convite ao silêncio.

Não sei a razão da distância entre o que via
e o que pensava.

Instante de desvario,
                     diria o sensato.

Mas a insânia não é o meu forte
e eu me conheço o bastante
para julgar-me assim,
                       serenamente.

Minha história não tem sido
amiga, é verdade!.

Mas a levo comigo
sem hesitação e a razão para tanto
creio não haver uma especial.

Apenas a carrrego porque
até agora sabão nenhum
conseguiu livrar minha condição
do curso acidentado que o tempo
legou.

Daí quando não mais sustento
o peso da consciência oscilante
cuspo na praia
soltando algumas bolhas no ar
como se assim fugisse do ferro
armado no espírito.

Sou fraco,
talvez.

Arrependido, atento
agito as garras para recolher
o cuspe que fiz.

Que seguro entre os dedos
da mão direita, mas com
força para não o devolver à boca desajeitada,
tão perto dos miolos pensantes
que, em mim,
não descansam jamais.

A TORRE DE BABAR

No alto daquela antiga torre,
(quando à tarde
o sol bate suavemente
para não ofender
            a alvura da pele)
passeia formosa criatura
observada pelos pensamentos ardentes
daqueles que caminham à sombra
pelas lajotas cimentadas da rua.

Seu rosto resplandece entre
os sinos que, embora
mudos, riem da sonoridade cardíaca
dos homens lá embaixo,
a bombear sangue exaustivamente
para o pulsar das veias extravagantes.

Quando sorri para os transeuntes
a luz de seus olhos subjuga a mais forte: a do sol.

A contraposição luzidia, entretanto,
                        não é suficiente
para comprometer a radiação do dia.

Até parece que a energia resultante
robustece a luminosidade
                    dos corpos em transe.

O brilho a realçar os olhares,
também os seduz inevitavelmente.
Ficam inquietos quando,
dominada a paisagem,
descobrem a imagem plantada
                    na vista da menina da torre.
Um panorama divino contido ali,
naqueles olhos sedutores
                    em movimento
                        entre os sinos da igreja.

O céu colorido somado ao mar azul
contrasta com o verde das graciosas montanhas.
E um barquinho perdido entre as ondulações
                                        das águas
equilibra-se com suavidade
          enquanto é lançada a rede
                    em algum ponto da baía.

Então já não são algumas pessoas;
população inteira se comprime para
presenciar beleza tão rara.

E garotos agitados
oferecem pipoca, amendoim, refrigerante ou café
a bom preço para que todos possam
comprar, comer e beber enquanto
                    as pulsões continuam a explodir.

Mulheres com a vassoura na mão
dirigem-se ao templo
                    abandonando a novela da tarde,
não para rezar o terço,
mas para buscar os maridos extasiados,
que se plantam a mirar
                    tal silhueta maneira.

Com o mergulho do sol
a moça encantada se fecha,
                    recolhendo-se em si,
bela, atraente e ingênua
ignorando a aflição das intensas paixões.

Na manhã seguinte retornará
com o propósito de, outra vez, refletir nos olhos
o que os homens são incapazes de compreender.

MANGA MORADA VIVA

Aquela planta majestosa
no centro do campo santo
sintetiza o esplendor da vida,
mesmo num espaço
sombrio, lúgubre,
funéreo.

Ela dá frutos,
mangas maduras
que caem dos galhos
nas mãos dos meninos
gulosos que poderiam
devorá-las
gostosamente.

E a sombra que oferece
permitiria bons momentos
para casais enamorados
não estivesse radicada naquele local.

Ali ela resplandece,
sua vida é pura existência,
natural transformação de um corpo
em outro mais novo.

Como a árvore que,
recolhendo energia do chão,
cresce frondosa, dando sempre
mais frutos,
as mangas que vemos
                    mas receamos provar.

CAMINHO DE VOLTA

Chega de malícias tantas
consumidoras da sinceridade
incômoda.

Basta de loucuras muitas
assassinas de aguçadas sensibilidades.

O que nos resta se ficamos
a todo momento
privados de um mínimo de
vontade transformadora?

Da última vez que cavalguei
pelas fantasias do agir rebelde
descobri que o ímpeto revolucionário
pode agitar demasiado a mente.

Daí o desespero
e o furor da ocasião
desautorizaram regar a esgotada imaginação
do guerreiro insuspeito.

Mas não fujo!
Ou fujo?

Enfrento com destemor
as tempestades que encontro,
muita vez feito escorpião suicida.

Procuro experimentar
bons momentos de peregrinação
rebelde com o destino que assim escolher.

Viagens fantásticas, passeios espantosos
batalhas homéricas,

todavia,

com caminho de volta
no instante em que quiser voltar.

INCONSISTÊNCIA

Pegue a caneta
risque traços no papel
dispersos
como a tua mente.

Daí enriqueça
as linhas
pintando em cores
o quadro ensaiado.

Dado este passo
perdeste a sentinela,
guardiã dos teus segredos.

Desenhaste a imagem
                    autêntica, sincera
dos teus temores.

Mas o que revelarás,
porventura,
não bastará
para desnudar-te completamente.

Conflitos contaminam
o que riscas.
Incoerências profundas
são tingidas em cores
fortes, visíveis
que ofuscam a visão.

E minha ciência
é pouca
para decifrar a tua arte.

Mas deste presente
        materializando em arte
a tua inconsistência mental.

CENSURA

Vem o canto
        a bruma, o fato.
Ponto de rezar ao santo,
        acontecido ato
de teatro s o l t o.

Censura sempre vi
Dizem alguns que o mal
é instinto, sentido.
Acredito, porém,
que o posto da guarda não mais trava
palavra:
            permite,
                tolera,
                    vigia
Tremenda peça pregada
no seio do povo.
Ovo com casca de alimento
não serve. Fechado, embora
livre, assim como
o evento, aponta estratégia de encenar
o tom já visto em suposto palco heroico.

Sim, o verbo alça
voo no ainda pesado ar,
mas bicos quebrados
num céu assombrado
não ressoam voz.

SERES DA TERRA

Não há dias belos
quando o coração dos homens
assim não quer.

Se motivos tantos
modificam as mentes,
por que o discurso
negando o axioma?

Há que dizer a palavra certa
em todas as horas,
celebrando o tempo
em cada abraço.

E dar com força
o aperto amigo
a cada conquista ou brutal minuto.

Dai no dia a dia
que os peitos se abram
— *abertos*!
e o encontro se dê (de vez)
entre os seres da terra.

Com jornadas majestosas
retratando semanas de luta,
sublimes momentos
quando o espírito humano assim desejou.

O CARACOL

A volta a mim mesmo
é feito que deve
ser colhido;
mas que não signifique
a volta ao que fui um dia.

Até o caracol
fechando-se em si
percebe o mundo
dialeti-
camente.

Faz de seu interior
o ponto de encontro
do que mostra com
aquilo que preserva;

e seu recolher
não se identifica
com refúgio ou retirada,

antes é imersão
nos segredos que guarda
(e que só ele tem):

o banho de consciência,
que o faz ser
exatamente
o que é.

Nem só confidência
(passado).
Nem só imagem
exposta.

Que eu seja
o caracol,

me reencontre comigo
em meu interior.

Mas que não
me sepulte lá.

BELAS PALAVRAS

Lembro-me ainda
daquelas belas palavras pronunciadas
com força,
delicadeza e alegria.

Um doce descia pelas
bordas do corpo
invadindo a atmosfera
e perfumando o ar.

O espaço se coloria
e até a exuberante natureza
mostrava suavidade naquela hora.

Na verdade, nunca ouvi
tantas vozes assim
calmas, mansas e amigas.

O som violento e estarrecedor tem sido
constante nos meus ouvidos.

Mas o que duvidei acontecia
e eu embasbacado e feliz
dancei num salão vazio, onde, enfim, tocado
pela música envolvente
decidi que poderia ser rei.

QUIETUDE

Às vezes a mudez
traduz inconfessada
forma de revelar
sentimento agudo
que, oculto,
se mostra límpido
para os que o compreendem.

E sua transparência
pode ser tanto maior
quanto mais quietude
a dor recolhe.

E por sua vez
      a dor
será tanto mais
     sentida
quanto mais silêncio
     silenciar a chaga.

É que o grito
nada confessa
aos ouvidos moucos

Mas o mutismo
pode ser eloquente modo
de denunciar
o que os corpos sentem.

Uma dor profunda
que os faz viver

(em silêncio).

TIRANIA

Dizes o que dizes
ao que não quero me ater,
mas ouço calado
porque me fazes ouvir.

Empresto mil risos para o retrato teu,
finjo ter graça e me queres assim.
Só não canto o que cantas
porque me fazes (querer) ouvir.

E desenho os quadros que pedes
em cores e tons que não são os meus,
só não digo o que quero
porque de mim, só queres fazer-me ouvir.

É assim, minha senhora, sou teu servo infeliz;
dou o que dou sem preço e com dor.
Mas não quero para mim o teu corpo, senhora,
calado e atado, ante os meus sonhos, senhora.

HORIZONTE CINZENTO

Por que foges, voz do povo?
Pensas que assim inerte
conquistas justiça e paz
no horizonte existencial?

Achas que a omissão é chave
para ser feliz?
Ages negando préstimo
à convocação para a batalha devida?

Ouves o que (me) dizem
e te prendes ao escuro do cárcere
da intimidade doméstica.

És testemunha da minha excruciante
chaga em carne viva
e nem ousas brigar por mim.

Que palavra, que canto!
Nenhum grito, nenhum protesto!
E o horizonte a se tingir de cinza,
se me entendem bem.

O CAMINHO DA HISTÓRIA

As ondas embaralham os traços
gravados na areia da praia.
A água limpa,
pela manhã, o que restou do meu caminho.

Não esqueço
que a história pessoal
está registrada
nas marcas do andar.

Mas se a maré estorva o percurso,
não o apaga
totalmente.

Porque ao lado da
despensa do peito
que recolhe o passado,
as águas do oceano
não faxinam todas as provas
do trajeto seguido.

Antes as levam para longe,
misturando o meu passo
ao passo de outra gente.

O ÚLTIMO JATOBÁ

I

Pela manhã
quando cortei
aquele velho jatobá,

senti a seiva
vertendo pela ferida exposta.

Seria remédio,
alimento para o solo.

Mas ali, na seara
onde gotas medicamentosas
formariam lagoa,

onde imaginei
começar o reviver da terra,

não brotou
nada de novo.

Nenhuma planta,
nenhum arbusto;

o talhão permaneceu árido
e da poeira nem barro
apareceu.

Os ventos ainda
sujam os meus olhos

e a garganta
está seca, dolorida.

Poucas árvores
legam sombra ao planeta.

II

O jatobá agonizava
(a ciência alertava).

Padecia:
a solidão o ceifava.

Era esperança de
um tempo melhor
(com bosques,
riachos e animais).

Eu mesmo excisei
cruelmente o
seu tronco.

Imaginei o soro
correndo
para fertilizar a leiva,

para revigorar a poeirama já velha,
ressuscitando
as árvores exaustas,
exorcizando os demônios
do mundo.

Mas o último jatobá
não reviveu o meu país;
antes o entorpeceu
com o chão já viciado.

COGUMELOS

Imagem esplêndida
de estrela encantada,
aquecida busca de sonhos
saída logrando conquista de espaço
ajustado tempo passado
desenhada cena acabei.

Piratas casaram com divas
lesmas lerdas não viajam
veladas imagens vou tendo
retratando a volúpia do dia.

Vigários tiraram as batinas
rezaram felizes a missa
no altar a festa foi feita
freiras dançaram extasiadas.

Vacas pasciam nos ares
cogumelos nasciam na grama.
No pasto o povo pedia
vida em crescente abundância.

Cogumelo!
Lava de vulcão inflamado
envolvente vista radiante
fada, carrasca do medo
e coringa, baralho encantado.
Avante cavaleiro andei!

PAZ PERPÉTUA

Confesso que por
vezes penso na solução
extrema
do repouso absoluto.

Confesso que por
vezes considero
a quietude como (particular)
conquista da perpétua paz.

Mas, vencido pela tentação
do dionisíaco vinho,
celebro a vida
apagando o curso
daquele pensar insano.

E ainda canto
(com infatigável energia)
A perfeição da lua cheia.

Sou massa moldável
sem ter e nem ser
Sou mutação permanente que
desafia e teme o vazio
da noite eternal.

MULTIDÃO

Solitário, sou
como leixão perdido
num mar imenso,
insignificante peça
de uma assombrosa engrenagem.

Vejo mil rostos
(por todos os lados).
Passos confusos em
faces idênticas.

Sou mais um!

Juntos,
formamos rio inconsciente
que segue seu curso
alargando seu leito,
derrubando suas margens

Massa homogênea
de faces e passos
e assim como eu,
corpo diluído e ilhado, um nada
em meio ao nada da multidão nadificante.

JUSTIÇA?

I

Fazer da vontade
impulso preciso
para alargar o caminho
e acordar toda a gente.

Movimentar a rua.

Fazê-la vibrante
para o jubiloso povo
cantar em coro.

Reivindicar colheita.

Tê-la como meta
alcançada e certa

para revolucionar a vida
e cercar o córrego.

Desviar sua água
fervendo-a em fogo intenso
para purificar a alma.

Recolher o trigo
para amassá-lo a ponto
de fazer dele promessa.

Não esquecendo as mãos,

os agitados membros
que em mesa posta
multiplicam potência.

Milagre é dádiva
que se manifesta quando a fé
oblitera a vista
fragilizando o espírito.

O sagrado é símbolo
de um concreto fato
que se tem por feito.

O que a religião ensina
é nos vermos a nós (mesmos)
pela mediação de Deus.

A palavra divina
que incorporamos rezando
vetustas orações.

II

A batalha
constitui acertado jeito

de inverter um estado
com irmanados seres
reclamando alimento
e disposição
de luta,

com planejadas estratégias
para surpreender de assalto
os guardiões do inimigo.

Mas não pensem os homens
que a comunhão é inevitável.

A união é preciso
mas não é por prazer
que os homens se
unem.

Cumplicidade é um ponto
que explica a coesão
de dada classe de gente.

Mas não mostra, contudo,
o panorama inteiro;
antes é árvore
frondosa

que tendo verdes folhas
em galhos tantos

não se vê completa
por ocultar a raiz.

Esta é que fortalece
aquela
prendendo-a
à terra,
sustentando-a até o fim,
como os interesses,

as dores comuns,
que sabiamente ajustados
forjam consciência
solidificando a fraternidade.

Tanto que classe coesa
não passa de grupo
que conjuga interesses,
não por acaso,
mas para reagir a imposto contexto
robustecendo a comunhão
para significativas conquistas.

III

Os homens são homens
mesmo quando em diferentes
exércitos.

O contraste não expulsa
os caracteres humanos.

São expectativas contrárias
em conflitos abertos

que os dividem em facções.

Mas não pensem
que a luta é tragédia
posto que a paz é tão bela.

A calmaria esconde
maremotos ocultos.

E a ordem pacífica
pode ocultar latente sinal

de conflitos endêmicos,

de manifesta vantagem
de eloquente injustiça.

IV

O mal
não reside nos homens
mas, antes, na história concreta
que indica os
caminhos que os obrigam a seguir
em dado momento
para dado lugar

aceitando o real
ou subvertendo o seu curso.

Se a história
faz os homens,
estes também a
a transformam
impondo desvio
se a possibi-
lidade é iminente.

Daí, a importância
de um poema
que postule
em versos
a movimentação da rua.

Fazendo-a fremente
para o povo consciente
cantar em coro
a transmutação da
história.

FUGA

I

Nada de novo se vê
que eu não tenha visto outro dia!

O mesmo capim que verdeja agora
cresceu ontem também.
E o pássaro viajante de hoje
cruzou idêntico espaço anteontem.

Mudanças não as quero
para mim
mas para o continente inteiro
sem ressalvas, exceção.

Os homens têm sido homens
apenas nos momentos de fuga.

Daí dizem que o céu não mudou
e que seus enigmas e mistérios
são os mesmos de séculos;
ou que a areia que pisam
é a mesma revolvida por Moisés no velho Sinai.

Não se dão conta
que (as coisas) são compreendidas
a partir de abstratos conceitos nos
quais as enquadramos.

E isso porque queremos
em momentos precisos
realidade pura, secular,
entretanto — que pena! —
criada ou construída
por nós mesmos.

Então vemos flores ou mares
com suas cores e ondas
carregados de brumas e mistérios
que nos enclausuram em estojos
estranhos e distantes
do lugar de onde partimos.

Ora! Somos seres humanos
inseguros, insanos, impotentes
e a natureza é fértil,
exuberante e selvagem.

Fazemos dela depositária
das habilidades que almejamos.
E vemos nela o refúgio
ideal para o lado covarde
qualificador de nosso desespero.

Daí nada de novo se vê
que não tenha sido visto outro dia.

II

É preciso fazer da razão da fuga
o motivo para o enfrentamento.
Não dramatizar o drama,
(nosso de cada dia) mas
senti-lo sempre na medida
exata do seu tamanho.

Não fazer de nós
apenas homens em constante fuga,
nem querer pra nós a coragem
do herói Mandrake.

Mas, antes, aprimorar cada um
seu temperamento e remontar em si
aos poucos sua virtuosa postura,
costurando fragmentos perdidos
                    aos quatro ventos
e soltos sem qualquer cuidado.

Isso para fazer da razão da fuga
o motivo para o enfrentamento.

III

Dizer o dito pelo não dito
e rezar o pai nosso (de cada dia)
sem esquecer a bênção do pai de santo.
E gritar bem alto
          a dor doída,
mas sem fazer dela
          impressão permanente.

Caçar a laço o bode velho
e tirar o leite da vaca mansa
para comer o mel
     sem quebrar o favo.

E sentir a faca sem
          ferir a carne.

Mas navegando o mar
          sem vela ou leme
e beber água boa
          de chuva ou vertente.

Provar a vida sem artifícios,
vivendo-a exaustivamente.
Chorando sua chaga
e rindo sua graça
sem fuga em mente ou
sofrendo convulsivamente

para fazer da (razão da) fuga
motivo para o enfrentamento.

IV

Sem se querer forte
provido de força, poderosamente;
tão só consciente de si
do medo ou do destemor,
almejando a luta para fazer da (razão da) fuga
o motivo para o enfrentamento.

Sem se pretender dotado
de especial aptidão ou capacidade;
apenas sentindo urgência de se fazer homem,
sendo humano não na fuga da humanidade
mas no enfrentamento
de seus fatais eventos.

Pressagiando o ponto
para atirar o dado
e lançando-o, dominado o jogo,
conjecturando tramas eternamente:
ensaiando ensejos de contentamento
para viver ao lado das grandes lutas
lutando sempre
para efetivá-las (finalmente)
convertendo a razão da fuga em motivo para o enfrentamento.

AUTO DE FÉ

I

O sol se põe.
com formosura e beleza,
no ocaso do dia.

Mostra-se exausto.
Não resiste à força da natureza
e se recolhe.

Cai
some
vai

(embora)

legando ausência de luz,
dando lugar a uma atmosfera
plúmbea.

II

Deus, o mistério
dos céus.

Senhor do universo
do tempo e
da terra.

Razão do temor
da gente dos mares,

motivo de confiança
do povo das minas,

sagrado bálsamo
das chagas humanas,

elo de união
dos pobres do mundo,

presença marcante
na cruz da cidade.

Tuas escrituras
conclamam a fé,

fazem dos homens
crentes em Ti,

confiantes nos
Teus milagres,
segredos
e graças.

III

Deus das gentes!
Amparas
as almas dos miseráveis fiéis.

Mas Teu preço é caro
e o pecado maldito.
Incorporaste em Ti
o enigma dos Campos Elíseos.

Explicas a noite
consolando os penitentes,

mas exigindo respeito
pelo rigor das Tuas leis.

És adorado
com orações, incenso e mil flores;
as novenas demonstram
o fervor da exoração

São crentes ingênuos
que em dias reservados à Tua lei
marcham entoando sagrados cânticos
em grupos, procissões,

atravessando longas distâncias
percorridas a pé.

E no semblante dos peregrinos
não há riso ou angústia,
mas respeito pelo divino,
por Teu mandamento, Senhor!

Velas acesas auxiliam as estrelas
no alumiar da caminhada
no breu.

Evocam
a luz que ofereces

a confortar o medo e
remover a ira nestes devotos.

És pai absoluto, meu Deus,
tanto que amas

exigindo paixão.

Seguras cajado
fazendo-se pastor

e nos tem,
estes suplicantes espíritos,
por ovelhas carentes
a pascer no Teu pasto bendito.

Queremos mais luz, Senhor meu
porque a noite é mistério
e intimida os congregantes.

Intensa e concreta luz,
Senhor!

Não apenas a celestial,
abençoada,
dos deuses,

mas também a dos homens,
Senhor!

Também a dos homens,
Senhor!

HISTÓRIA

A memória deixa traços,
pistas que
registram a aspereza
da atravessada experiência.

O anjo de Klee,
o Senhor Benjamim,
da história, serafim.

Os homens são resultado
e negação
dos fatos passados
e cada ser sintetiza
adições inconscientes ou voluntárias
incorporadas à identidade
pessoal.

Rastros desenhando trilha;
variáveis rasgando veredas
que perfazem um todo:
personalidade, memória,
fábula infausta,
documento e inverdade.

Mitologia contada em versos,
discursos ou prosa:

a lenda dos homens
a utopia de Morus,
de Platão, *A república*;

o folclore da ilha
a narrativa vitoriosa

enfeitando o concreto,
ofuscando o real.

Fragmentos de eventos vencidos
de momentos perdidos
de feitos forçados

o cangaço cruel
ou o senhor coronel

o fantástico odioso
a profissão de fé.

O homem messias,
ou o ser humano qualquer,

Jeito maneiro
pretensioso ou
acanhado

de contestar os traumas superados
e reconstruir o presente:

o forjado
curso dos tempos.

Transfiguração da custosa
batalha,

do revólver
do verso
do terço na mão.

Marcada história
que, entretanto, deixa pegadas,

sensíveis contornos
testemunhando
fatos indesejados,

vultos notáveis
mulheres exemplares,

uma evolução permanente
cujo ápice
é agora.

Vitória de poucos
aos quais o povo não soma:

- sinais de que existe
outro lado.

De que com Alexandre
lutou tropa inteira

ou de que um país
não é feito apenas de
heróis e
heroínas.

Verdade
encoberta
protegida sob o manto deletério
da estória inventada.

Há, entretanto, a recuperação da verdade,
ferida reconstituída
pelas lutas seculares,
diegese autêntica
nem sempre ensinada na escola.

Total visão (da história)
traída
pela tendenciosa memória
da memória oficial
que deixa cicatrizes
precisas,
chagas ingentes.

Ora, linhas combativas ainda
escreverão a história que
não faz parte da história

(tua,
minha
do homem da rua
do poeta insurgente
do operário da indústria).

Necessário ponto
a reclamar de todos
nudez permanente
porque a história
deixa marcas
que um dia
serão reveladas.

SER UM E TODOS

Equânime
para com os da sua laia
dizia-se paladino
equiparando-se epicamente a Odisseu.

Enzoneiro
para os demais
tripulava equívocos
montava dragões
e esbulhava sonhos.

Erudito
para o seu ajuntamento
sensualizava discursos
distribuía falácias
media palavras
desmentia ergástulos.

Errabundo
para tantos outros
vingava erros
arrotava poder
dissipava calmos momentos.

Rebelde,
entendia-se assim,
contraditava ações
encobria temores
justificava afrontas
e conturbava o mundo da vida.

Eu, você,
o que fui
o que fomos
o que sou
o que somos
o que seremos?

IRMÃO

Consegui a bom preço
recompor a minha imagem.

E porque dela não mais necessitasse
deixei de ocultar aos olhos alheios
faces nunca exploradas
por tão curiosas vistas.

E, consequência disso,
os dogmas, os mandamentos sagrados
eleitos para evitar a limpidez dos meus conflitos,
angústias e temores

foram dissolvidos:
não fazem
mais falta.

E porque sinto que o trigo
que colho é o mesmo que falta ao irmão
não dou mais ordens ou conselhos,
antes luto ao seu lado.

INTIMIDADE

Noites e mais noites:
- uma agonia toma conta do corpo
embrulhando o estômago
e esmagando
o ânimo.

As vísceras
dão sinal de alerta:
- sopram tempestade
ou um pouco mais.

A carne viva
das entranhas
reclama,
grita
e proclama
a necessidade de ar fresco
com pássaros soltos,
e espaço florido.

Células e células
lutam entre si;
meu sistema nervoso abalado adverte, porém:
- a dor é do espírito.

Tudo não passa de um sonho
pesado?

Mas a carne contorce
torce
retorce,
impiedosamente,
e eu resisto
calado.

AMANHÃ

Pequenas folhas verdes despontam sob o céu límpido
num evolver contemplativo da eternidade
colorindo o espaço infinito
num significativo momento de augusta esperança.
As cores formam quadro singelo
revelando com agressivos matizes
uma simbologia intraduzível
pelos menores profetas.

Apenas os grandes videntes dirigindo
suas argutas inteligências
para a verdade da labuta terrestre
conhecerão o significado primeiro.

Mas pouco ou nada farão
porque, acanhados, não comunicam reveladas
verdades.

Apenas juntam as pérolas do mar
somando-as, às toneladas, com a riqueza da terra.

Estranha maneira de espalhar esperança;
modo desviado de acordar populações impotentes.

A vida é luta,
fruta madura
pedaço de floresta selvagem,

processo aviltado de drama cruel.
Ou, antes, imenso trigal distribuindo,
em justas porções, aos corpos impávidos
dos plantadores da história,
as mais áureas colheitas.

O novo tempo,
quando os versos deste poema
nada mais dirão aos combatentes
                                        da idade de ouro
                                                que vivem o hoje pelo amanhã.

FLOR

Quando se abriu,
no coração despontou
uma flor:
- momento sublime!

Nada a dizer,
nada a sentir.

Gotas pálidas,
pétalas,
planta em variadas gradações
colorindo o meu
tempo
(nosso,
porém!).

Mas não resisti.
Apenas para desfrutar

colhi aquela rosa
e o coração s
a
n
g
r
o
u.

CIDADÃO

Foi assim, velho camarada!
A voz dissonante do trono
expeliu novas falas.

Com veementes imagens
ditando o destino dos seres.

Cidadão? — Eis uma nobre palavra
além de qualquer fabulação.

Com o sabre do soberano em riste
não há liberdade.

Porém, companheiro,
conhecíamos os riscos da luta,
sabemos que a dor nos revolta.

Se o dia nasce, renasce
cresce
e desaparece,
assim será com a
tirania
imperante.

Magras colheitas,
a paz do silêncio,
o tempo em seu curso

usurpam direitos,
enquanto martirizam
sujeitos.

Nada mais fazem
do que sacrificar
os guerreiros
ritualizando a vitória,
com o sangue vencido.

Mas outros virão!
A história é imperecível.
O desastre de hoje
constitui memória,
a matriz do hino que cantaremos
no futuro

(para mostrar que o que se conquista
não é dado
de graça
mas tomado
pelos homens
nas gloriosas batalhas).

INTELIGÊNCIA EMOCIONAL

Por que
sofrer nesta imensidão
de espaço e tempo
mascarando
as feridas
de penosas
lembranças?

Não seria mais fácil
viver o mundo
como ele se apresenta?

E suspender os
efeitos de nossa voz inconformada?

Matar os múltiplos *eus*
por simples comodidade:

- eis um ponto
que não me agrada.

MORADA

Que a morada
seja o lugar tranquilo
que eu conquiste para morar
e que lá sinta o conforto
do ninho do joão-de-barro
sem faltar a perfume
do maracujá.

E que tenha amigos
para conversar e
bom clima para poetar.

Sem esquecer a varanda
com ar à solta
e árvores verdes
em frente ao mar.

E que me sinta bem
sem permanecer isolado,
mas com momentos só
ou acompanhado.

Que tenha um sol
nas tardes iluminadas
e sal na areia
do lugar que eu faço morada!

DESENLACE

Nunc est bibendum,
nunc pede libero
pulsanda tellus...
(Ode 37, Livro I, Horácio)

I

Há coisas que ficam guardadas, incrustadas e firmes no coração, assim como ostra grudada na solidez fria da rocha marinha. Eventos importantes que o maior esforço não será suficiente para apagar; talvez possa ocultar, mas por pouco tempo, pois o pedaço sensível é parte integrante do corpo vivente. São imagens cortantes que emergem de quando em quando roubando de nós um sorriso diante do passado ou uma expressão de dor em razão da angústia cruel. Então perdemos o sentido do agora. Somos nesse tempo outro que fomos; pequena parcela do presente ser.

II

Se somos o conjunto de fragmentos da experiência pretérita, não será voltando, simplesmente voltando, a um tempo remoto que alcançaremos a magnitude da vida. Ora, se o retorno é necessário como medida eficaz para a compreensão do agora, ele será violento e opressivo se nos aprisiona impedindo o regresso da viagem. Daí só remontaremos lembranças para atravessar a existência como se fosse anteontem. Com inconsequentes mostras de felicidade pueril ou revivendo aflição medonha.

III

Cumpre não ocultar o que está registrado no coração e enfrentar a nós mesmos, não a persona revelada ao mundo, mas os múltiplos *eus* conformadores da individualidade incoerente, fragmentada e alimentada pelo sonho do futuro e pela memória longínqua ou recente, transitória ou permanente, soma dos episódios da existência. A vida não é um residir no passado, nem um estacionar no futuro, mas, antes, uma sucessão de presentes. Aqui se encontra a sabedoria. Concreta, como nós.

LIVRO II

Memória (quase) poética de uma temporada no céu

APRESENTAÇÃO

Memória (quase) poética de uma temporada no céu

E um dia ainda vamos conhecer. O livro ou a cidade? Como separar, o que se ganha junto, numa totalidade de memorial quase poético? Temos aqui uma obra de juventude. E, portanto, um cofre de olhar inaugural, de retinas que ensaiam sustos nas montanhas e surpresas nos abismos. E pode ser o contrário também, porque na poesia e na vida extremos trocam de lado. No equilíbrio, no meio, paira uma promessa de justiça, sempre, desde bem antes do primeiro canudo. Temos aqui o resgate dos primeiros versos que merecem ser compartilhados.

Neste livro de Clèmerson Merlin Clève, que, ao modo de Carlos Drummond de Andrade abraçando sua Itabira, nos abraça de verdade no fundo e na forma, encontramos uma serra de corte irregular, numa cartografia de terra firme, margens, rios e mares, tudo retratado em versos que espelham a própria serra. Será que o autor nos encaminha para um território multifacetado de diversos estilos ou ele inaugura um estilo próprio? Vai saber... Ah, caleidoscópio vibrante de uma vida que se organiza em obra. Sim, em obra operante no imaginário do leitor.

Clèmerson abre o convite para a leitura deste livro com especial recepção. Duas poetas de primeira grandeza e de diferentes tempos escolheram, oportunamente, seus versos para assinalar caminhos: Cecília Meireles e Josely Vianna Baptista. Sim, poetas, logo entraremos nesta leitura com corvos que espreitam pelas douradas janelas, adivinhando mistérios quase eternos. Esse quase, novamente, reincide num pedido ao leitor: complete o que por ventura falte. Não é esse o papel do leitor? Ali estão os vazios constitutivos que tão bem nos aponta Wolfgang Iser na sua estética da recepção.

Um livro nos chama (e chama, substantivo não falta no livro) pelas leituras que comparecem no texto lido. Neste sentido, o autor convoca, generosamente, pelas margens, comprometidas com a consciência social de *Vidas Secas* e de *Morte e Vida Severina* em pertinentes versos. Que o leitor fisgue, por ele mesmo, outras leituras que de maneira mais contundente ou rarefeita nos instigam e convencem de que o poeta não é nada neutro. Nem o poeta, nem seus intertextos e nem seus autores convidados. Há um Castro Alves guiando um navio de engajamentos onde fortes e fracos revezam na proa. Há uma lenda que nos alerta que é possível, sim, ganhar um tronco forte para amparar e proteger o mais fraco. Uma lenda que vem como presente (congregando tempos) veste as roupas de Paiquerê que se faz terra prometida ou se faz Pasárgada, como diria Manoel Bandeira.

Fiquem neste circuito de esperanças, leitores de tantos cantos, na comunhão dos timbres de ontem e nos acordes subjetivos que acordam mil sentidos e sentimentos.

GLORIA KIRINUS
Doutora em Letras (Teoria Literária e Literatura Comparada) com pós-doutorado em Sociologia. É autora de literatura infanto-juvenil e de livros teóricos na área de Letras e Educação.

"Há sempre sombras perversas
Sinistros corvos espreitam
pelas douradas janelas."

Cecília Meireles

"... há de existir jeito
de adivinhar mistérios quase eternos
e explodir este labirinto
com cicatrizes profundas ... "

Josely Vianna Baptista

PRIMEIROS CANTOS

I
INICIAÇÃO À TERRA

Estalos pungentes
atravessam os ares

entupindo os ouvidos
dos transeuntes.

Gritos revoam
a curta distância,

enquanto o calor vai tomando conta
dos corpos sofridos.

Poucos sabiam porque não chovia.

Porém, a seca
cumpria sua sina:

- queimava em fogo bravio
as florestas,

atingindo as raízes da cidade
assombrada...

Mulheres tremiam,
corriam
enquanto homens traziam água
a roldão

- Rezas, rezas.
Orações ao bom pai!
- pedia o vigário
(*pouco atendido*)

em suas preces
abafadas
pelo ranger enervante
das taquaras em chamas.

Pinheirais deitavam
em cinzas (*levadas ao vento*)

pouco restando
do antigo solo Kaingang,
(suporte telúrico do paraíso terrestre)

Paiquerê morreu
sem sepulcro

tomado pelos brancos
pioneiros.
Ao depois,
estes, iludidos,

sofreram os desígnios
malévolos da sorte: - penaram!

Como clamar por justiça

quando os opressores
foram também oprimidos?

Se os indígenas tombaram indefesos
que lutem os homens de agora

pela lembrança que aqueles
deixaram incólume:

- paiquerê, de múltiplos anos
eternidade saudável banida da história
sonho atual de todos os homens
esperança de incontáveis melhoras.

Intactas fantasias
colorem, amiúde,
a concretude
da dureza da vida;

por salário se vende
o suor corporal.

Mas a razão,
esta ainda está livre;
pois sonhe!

Que serrarias sumiram,
mais tarde,

deixando infausto saldo
e maldito,

sabem todos
quantos as viram partir.

Entretanto,
se sobra pobreza

pois perobas, imbuias, cedros
e araucárias
já não respondem
ao sopro dos ares

pouco resta a fazer,

a não ser (re) lutar
para despertar
os pombos,
símbolos da paz.

Despertai, pois
paiquerê

das cinzas
a que te reduzem,

ainda que o fogo
continue a arder

queimando tragicamente
a tua excelsa condição.

II
A TERRA E OS DITOS

"Água mole
em pedra dura
tanto bate
até que fura".[1]

"Cão
que late
não morde".[2]

[1] Ditado repetido pelas lavadeiras à beira do olho d'água.
[2] Não muito exato, às vezes morde.

"Pedra
no caminho
é malho
no sapato".[3]

"Tu, refém tupiniquim
em véu de tule recende
a túmulo velado".[4]

"Por que latem
aqueles cães
lá longe?".[5]

M
A
S

"Eu tinha medo
que eles saíssem"

"... tu que lançarás hostis teus raios
sobre os bosques profanados."[6]

"Quem na canoa não tem
Lugar para os que se afogam
Não tem compaixão."[7]

---

[3] Pode dar também ferida no pé.

[4] Josely M. B. Baptista

[5] Ribeiro Couto

[6] Horácio

[7] Bertolt Brecht

III
O MITO É O NADA QUE É TUDO

Estou há décadas neste lugar. Trabalhando sempre, rachando lenha, plantando o chão. No começo gostei. Depois chegou um padre que mudou tudo. Os fiéis deviam confessar até a frequência dos atos de amor. O número de ave-marias aumentou e as missas alongaram-se. Como tolerar? Era demais para os pobres pecadores. Como reclamasse, lembrei-me dos chicotes no chão da terra, das chagas que afligiam o planalto e sua gente. Toquei na lenda, alcancei o cruzeiro. Mas não quero resignação, penitência. Se berro corvos desperto pombos e estes é que importam. Quando uma vontade de ferro deseja cavalgar, qualquer fragmento de rocha criará pés alados para servir de ginete. Cumpre, portanto, difundir a liberdade para não perpetuar a sujeição. Não conheço palavras belas, nem eloquentes frases sei formar. Mas aprendi que o demônio não tem a essência do criador. Seu pensamento é fútil, sua arte é nada.

— Deve-se
espantar o *corvo,*
atravessar os vales,
mirando as ruas
para tomar
a praça

e construir

o novo,

(primavera,

quando o mundo nasce).

SEGUNDOS CANTOS

I
A LENDA DA MINHA TERRA

Era o mais forte entre os fortes da tribo. Era o mais hábil entre todos os caçadores. Robusto, sagaz e gentil. Chamava-se *Kãgfér*; vivia em meio a árvores, bichos, rios e pássaros.

Dotado de vigor, saúde e destreza, viu-se arrebatado pela formosa *Myg*. A mais tímida da aldeia, a mais bela também. Contrariando costumes e os conselhos do *Põ'í-bang*, casou-se com a jovem por quem se apaixonara. Desde então, nas caçadas e viagens bosques adentro, com destreza e zelo, nas costas levava a débil esposa. Tão desprovida de força era ela que, à medida que a terra diante do sol tecia o seu natural movimento, o amoroso guerreiro, para protegê-la, punha-se de frente — com ela às costas —de modo a evitar a agressão dos raios intensos.

Malogrados os cuidados do valente guerreiro, a jovem partiu em direção aos caminhos tristes da lua. E o caçador dos densos capões, não se conformando com sorte tão dura, deixou-se levar também. Desprezando o rio, a aldeia e o seu gavião-real, é - *liebestod* dos pinheirais - sepultado ao lado da amada. E ali, no local onde *Kãgfér* repousa com a sua graciosa *Myg*, nasceu, para surpresa de muitos, marco em meio à floresta testemunhado por *Kamé* e *Kairu*, uma imponente planta enlaçada por outra demasiado esbelta. A árvore maior, soberba, ainda hoje, como a denunciar o paiquerê ameaçado, protege com vigor aquela que abraça. Amparada, esta solta a cada instante as flores que dá.

Tais plantas
tomaram,
depois,
todo o território kaingang
colinas, planícies e matas
de norte a sul
do Ivaí até a Serra da Pitanga,
avançando em
direção ao Piquiri.

Extensões mágicas cortadas
pelo caminho que une
o Atlântico aos Andes,
ponto de en-
contro dos Incas
com grupos de diferentes latitudes:

- o portentoso Peabiru.

II
A TRIBO EM TRANSE

Possa – escreveu *Ernst. Fischer* – “o mar
retornar à primavera que foi a sua fonte,
nos mais profundos sonhos da aurora do mundo.
Possa a face do futuro refletir-se num espelho.
E possa a lenda ser o alvo de uma raça madura.”

A sabedoria ancestral do *Kuiã*
trazia cura, conforto e amparo,
mas paiquerê era desígnio,
linguagem tão S O L T A
na boca dos Kaingang.

Tribo em transe:
- rasgo nas verdes esplanadas
que implacavelmente
acompanha a premente invasão
de distintas levas de desbravadores.

Sertão,

d
e
r
r
u
Paiquerê: b
a
d
o

Olhos que,
aturdidos, testemunham
o terror!

Pitanga
se fez campo de liça
com a ferocidade
dos confrontos entre pioneiros e indígenas,
ou exploradores
e colonos.

No chão,
o fogo e
a ação fulminante
do machado assassino;
no alto, o olhar dos olhos incrédulos
que os acompanhavam
impotentes.

Madeira cai,
madeira lenhada,
madeira carvão,
madeira esbulho,
madeira *Leviatã*
madeira cidade.

Céus, onde se encontra Javé?
Deidades luminescentes,
o que foi feito de paiquerê?

III
A FUNDAÇÃO DA CIDADE

Pitanga caroço
duro mas se
mente que em
terra dá fruto
de flor de
cidade.

Abraça bem forte
o ar que te
envolve.

A esmeralda da mãe
é verde já azul
e o mar deste tom
(*paraíso violado*),
surpreende
imenso.

Porque pitanga caroço
duro mas se-
mente que em
terra dá fruto
da flor de

pitanga,
couraça do avesso,
é a Canaã dos colonos,
a cobiça dos serradores
e a tormenta dos filhos da terra.

O cronista do futuro
dará testemunho
com fé dessas
disputas inglórias?

IV
MAR VERDE SERTÃO

Os pinheiros
eram altos.
E, às vezes,
com o vento,

galhos alguns
ou pinhas mesmo
desprendiam-se,
c
a
í
a
m

t o m b a v a m

e pinhão
cobria a pradaria.

As araucárias
eram tantas
que em cor até teciam
com a plangente brisa ou
TEMPORAL,
a visão
de um G R A N D E mar.

E as ondas
eram os galhos
que agitavam
a maresia…

Só que
hoje
o mar secou

e o chão
desnudo
vai guardando
outra cor:

rubra
de sangue indígena,
vermelha
da cor da terra,

descalça,
sem vestes verdes.

V
NA SERRARIA: O PÓ DA SERRA

Era pó
era pó e ira
era poeira
era pó e ir e ama
era p o e i r a m a.

Eram serras
de pó de serra
eram montes
de serragem podre
eram restos
de pinheiro verde
eram sepulcros
de um mar já morto.

As casinhas azuis
todas coladas
umas às outras
casinhas azuis

e o azul manchando o solo,
o azul pecando a terra
o azul dando morada à quimera
um enxame pleno
e as abelhas
(*abelhudas*) despidas de
asas

serrando os troncos
serrando a vida,
careando o piso,
criando um deserto
de sonhos.

E, no meio,
a máquina,

a serra-fita
serra-tronco
serra-membro
serra-mão
serra-tudo.

Drenadora
de imensidões verdes,
expropriadora
de abelhas pobres:
- serra'ria!

E aí, os borós[8] pagavam
a sempre
crescente conta
no armazém da empresa.

A prole
fazia a fome
que fazia a conta
que prendia o homem:
- servos
são também as abelhas-homens
que em favo alheio
produzem mel
e não comem doce!

O mar
definha;
paiquerê
fenece.

Voltará?
Terra devastada, sublinha *Eliot:* - o vento
cruza a terra escura,
ouvido por ninguém.
As ninfas se foram.

---

[8] Vales que substituíam as unidades monetárias para o pagamento de salários. Só valiam no armazém da serraria.

VI
ABANDONO.

O sol
que batia forte
reluzindo as flores.

O sol
que pintava a relva
(à tarde) de um rúbido só,
hoje,
nem mais esconde
o luar que vem.

Os pés que
sangravam a grama
ao rolar os troncos
hoje,
só levantam poeira
ao agitar a terra.

A gente que
tomava a rua
correndo à toa,

que sumia
no labirinto de becos feitos
com as montanhas de tábuas,

que pegava carona no vagonete
da serraria
para mergulhar
com a serragem
no rio que varava

o burgo,

sentiu o peso
do fim do ciclo,
do fim do mundo,
da cidade enferma!

Encerrada,
a companhia
que apitava ao meio-dia,
(chamando para o almoço),
mudou para o norte
deste país (*em construção eterna*)
para reproduzir adiante
o flagelo que obrou aqui.

E o azul turquesa
das modestas casas
que manchava a terra
que pintava as vias
também se foi.

O que sei
é que das moradas
só restaram
os tocos;
cepos que suportavam
o moradio.
E o povo
que em desespero
não mais morava.

? Liberados,
alforriada a conta
liberdade à vista?

Os outros
colhiam erva-mate,
tomavam chimarrão,
semeavam safra,

criavam bicho,
tiravam leite,
armazenavam grãos
debulhavam milho,
faziam farinha
tinham prato à mesa.

E estes depauperados
sobreviventes do reino
de Orco e Hades?

Em sinistra luta com *Demogorgon*
são deixados a enfrentar
com a cabeça, mãos, asas e pés
o rumor, o acaso, o tumulto e a confusão,
enfrentando inconformados
a discórdia lançada
por milhares de agonizantes vozes.

VII
A LIÇÃO QUE FICA

Aquilo que abre
e rasga ferida
também é sentimento
que, adequadamente colhido,
oferece ao corpo sensível
arrojo e coragem,
um panorama fecundo
de consolo e esperança.
A fé e a dor dos justos
nesse deserto tórrido e solitário
comove:
- quando a batalha,
a violência e a fome

cessarem,
a paz poderá coroar
com dias de bem-aventurança
a raça humana que,

levantando as mãos aos céus,
lançará com espanto
o olhar em chamas
sobre a revivida Canaã.

VIII
O CORO DE ANJOS IMAGINÁRIOS

A maioria fugiu,
procurou novos favos
renovadas sujeições
cidades irreais
auroras de inverno.

Outros
compreenderam
a'ferida-lição.

Com estes,
a cidade agonizante,
renasceu.

Reunidos os cacos
as ruínas foram escoradas,
com as bênçãos de *Tirésias*
formando urbe florescente,
(quem sabe uma pequena *Cidade do Sol,*
de Campanella?).

Mas não paiquerê!

(Paiquerê é como
um sonho bonito
vivido à noite,

que depois
sem mesmo
esquecê-lo,

pela manhã,
já não mais o temos.

Pois valeu!)

Entretanto,
esta flor ainda expele
perfumes

singelos,
ousados,
incandescentes.

Se poucos percebem
é porque o susto
da terra
não bateu

na pele
de todos com
a força devida.

Porém, a nuvem
que anda carregada
produzirá aguadas
e borrascas,
umedecendo a atmosfera.

Do solo
inflamado pela
invasão dos forasteiros
ou desconsolo dos gentios
brotarão as plantas
mais viçosas e belas.

Então,
uma formosa estrela da manhã
revelará aos infortunados
a verdade candente

entoada em gozo por coros
de anjos imaginários.

O futuro dirá bom dia!
E tudo crescerá, e tudo ascenderá!

IX
O PARAÍSO PERDIDO

Os grãos
foram crescendo
na terra arrasada,

destroçada,
arruinada.

Avulta a alfombra verdejante
que amacia meus pés
(ao andar),
que encerra
minha fome
(ao comer),
que revigora a crença
em Moisés
e no caminhar jubiloso
em busca
da terra prometida.
E da reconquista
do paraíso perdido,
superando o infortúnio do Hades
ou a miragem enganadora
do trágico Eldorado ameríndio.

Rogai por nós pecadores
agora e na hora de nossa morte.
Rogai por nós pecadores
agora e na hora de nossa morte.

Aos teus descendentes darei a terra!

Amém!

X
ALGUMA GENTE

Gente que
        planta grão;
gente que
        come arroz,

gente que
        colhe trigo,
gente que
        esgota o chão.

São homens
        que lidam muito,
são pragas
        que queimam o campo

(a terra desnuda
        não é mais
        que fagulha
        para o sol!)

Há homens de distintos tipos
Há seres que espalham o bem
Há seres que propagam o mal
entre céu, purgatório e inferno
as almas guardam motivos
para frequentar os círculos,
cantos e céus
da comédia inteira de Dante.

XI
A VERDADE DOÍDA SOBRE A TERRA

Terra
não é vento
que nasce,
renasce
nasce.
O rico solo,
oferece,
dá, dá, dá
e perece.

O cheiro da grama
sumindo
a fartura da horta
também

(o *chão*
é brasa
de um
fogo intenso.
Nele,
as cinzas
são a poeira
que o vento leva).

A terra é mãe
generosa
do homem,
augurando abastança.

Se é fértil
prolifica o povo.

Este,
se a explora demasiado
sugando a vida

acorda a leiva
que produz vingança.

Uma vez
pilhada
não dá
mais nada.

Daí só as cabras pastarão
onde sobra quinhão de pasto

XII
DEVASTAÇÃO

Os bichos?
\- Caçaram!
O canário
foi para capital
(engaiolado).
O mato rareou,
os sofridos campos
secaram,
mas, ainda assim,

o torrão generoso
alcançou multiplicar
o que poucos e sábios homens
zelosos com a lida
souberam semear.

Os generosos e ultrajados vales,
as campinas e montes ardentes
querem ter
suas imensidões ressucitadas
e prenhes de fecunda natureza.

XIII
A PROCISSÃO E A CIDADE.

A noite nem caía
e a multidão reunida
de vela à mão
entoava hinos
e cânticos.

A procissão
assombrava a escuridão
da noite,

girava a rua
e retornava à praça
alcançando a Sé.

De longe a luz levada
pela massa orando
parecia nave
iluminada
cortando o céu.

No mês da padroeira,
Sant'Ana, mãe de Maria,
havia novena diária
semana inteira.

Salmos, coro e antífonas
elevavam o espírito dos
crentes circunspectos.

Um pavor desmedido
não raro
assaltava os infantes
que oravam contritos
para apagar o medo.

Após a confissão
e a bênção absolutória,
a ilícita confidência
entre os pequenos camaradas
ascendia a consciência do pecado mortal.

O sangue derramado durante
a eucarestia era temida!

A violação da hóstia sagrada
alimentava a imaginação
flamante
do atribulado meninil.

XIV
O ENCANTAMENTO DO MUNDO

"reza firme
reza mesmo
reza muito
reza bem
que o Menino Jesus vai gostar."

Os anjinhos
de amarelo,
azul
e rosa

desfilavam
abrindo alas
com o terço à mão.

Pipoca, café, algodão,
pó-de-serra, anilina, tinta e
pétalas de flor

desenhavam estampas,
formavam tapete

cobrindo a empoeirada rua
para o caminhar do andor.

A procissão passava
com vozes unidas
querubins adiantados
alegrando as famílias.

O encantamento da vida
aguçava os sentidos,
coloria a cidade:
- era natal revivido!
Ai, ai, tempos felizes!
Ai, tempos prazenteiros!

Tudo, nos primeiros anos de vida,
era descoberta e magia:
a carona na carroça do polaco
até a distante Limeira,
os banhos, aos domingos, nas águas límpidas do Rio do Meio,
a terna professorinha do vicentino Santa Terezinha
a distribuir sorridente conhecimento e conforto,
a bicicleta de madeira descendo a ladeira da Duque de Caxias,
a rua mais bonita do mundo na imaginação do menino,
a bola improvisada no campinho vizinho,
o aroma acolhedor do fogão da Dona Queta,
o fumar tenebroso dos Continental sem
filtro furtados à avó,

as tardes de domingo com os pais muito jovens
a escutar na radiola a música avassaladora
que despois soube tratar-se dos *Beatles*,
o atravessar a rua proibida em direção
à Igreja ucraína para, no fim da tarde,
auxiliar a dobra dos sinos e
a comovente comunhão dos amigos sinceros;
são glórias supremas,
transbordantes excitamentos,
evocação saudosa de uma temporada no céu.

Quintana, Quintana, como discordar de você?

"Não importa que a tenham demolido:
a gente continua morando na velha casa em que nasceu."

XV
A MORTE ASSALTA

O que disse *Maiakovski* no poema
dedicado a *Sierguéi Iessiênin*?

"E levam
versos velhos
ao velório,
sucata
de extintas exéquias.
Rimas gastas

empalam
os despojos."

No domingo
a matinê
no aprazível cinema,
admirável e única
casa de projeção da sétima arte,
de magias na tela
daquela nascente cidade.

No ar
o alto-falante
vibrando intenso,
convocando o povo,
para a vespertina sessão.

Corre, corre!

Corre, para chegar antes do Canal 100.
para a troca dos quadrinhos -
dos super-heróis ou do Tio Patinhas -,
para discutir os gols da rodada e,
depois, sim, claro,
para ver o faroestão!

Mas se o silêncio rebentasse
de repente
era susto
quase certo.

O filme
não mais passava.

A rua lotava
e o cemitério
era o destino:

o caixão
subia a avenida
com o cortejo seguindo o esquife
(*cabeças baixas*).

Depois das exéquias,
ficava a cidade muda
com um ar pesado
manchando o clima e
devorando o dia.

XVI
O CAMPO SANTO

O sepulcrário
ficava no alto da colina.
Um adro enorme,
mas bem cuidado
de certo modo.

Quando o time da casa
começou a apanhar
foram buscar
goleadores de fora.

Faziam bom jogo
e enfeitiçaram
a garotada.
Numa manhã
estavam em cacos
as moradas dos sepultados.

Foram os craques
do grande time
que numa noite
de bebedeira
violaram a integridade
do campo santo.

XVII
A ESTRADA

A estrada foi aberta,
rasgando a terra indígena
em direção ao Mato Grosso,
fez pó da pedra bruta e
brotou novas faces.

A mula e os
animais que abu-
savam dos caminhos

multiplicaram-se. Também
os estábulos. E o que dizer
dos arreios, das selas e
dos freios?

Estes, robustos,
amarraram
as cabeças
cal(eja)adas
e ingênuas que,
inconscientes, dão
(contentes)
satisfação
aos sádicos grilhões
que sugam suas vísceras.
Posses,
devolutas terras
foram tom(b)adas.

— o caboclo:
"Mas alma que dou
não sinto,
sou calos!"

Pisei o chão
brabo para colher
o que passei para o
patrão.

As posses,
nem no passado
as alcancei.

E a alma sentindo
as'sim. Vi o demônio,
encolhi seu rabo,
vazei o poço
para molhar o barro.

Saquei a argila
e modelei a louça.

Mas a carne
que arrecadei
não encheu a
panela que fiz

(*e o diabo*
da fome
crispando
meu corpo!).

Então fui
para as covas mortais

enterrar o peão
atirado sem dó.

As velas dos espíritos
purgantes
eram a luz da
minha noite.

A flor
da casa
sem portas
era o vaso
que adornava
a minha mesa.
E o cheiro
furtado
ao sepulcro

era o perfume
que embriagava
o silêncio.

Por isso ofereço
minh'alma.

Que bom preço
é pouco
mas preciso

e a compra
só a leva
de pouco

e por curto
tempo.

Se a areia
é do anjo caído
o areal
pertence ao Criador.

E Deus
(*essa força que chamo divina*)
me retribua com o Jardim do Éden
já que a dor
tem sido tamanha.

Ó povo meu,
o que tenho feito!

Desmereço
esta jornada de provação.
tomada por dédalos de espelhos,
este emular degenerado
do heroico fado de Ulisses

sem a esperança
do encontro com Penélope.

Ó povo meu,
o que temos feito?

Ítaca está muito distante?

XVIII
O GRITO DO POVO

Reverter
é revés da
consciência
sem juízo,
presa
sem norte
onde o sabor
da liberdade,

já encilhado
e domado,

é agora açoitado
pela ilusão
da estrada
que chega.

Orações e palmas
tecendo
rosários de alforjes.
llustres cargueiros
da riqueza usurpada
e sustentada pelo suor
dos que aplaudem
(mas não ganham).

— E o povo canta!
E o povo grita!
A multidão agitada:
- cada cabeça
é ostra sa(n)grada
que produz pérola
mas que não
conhece pão.

Só a escola libertará!
Só a escola libertará!
- dizem alguns.

Mas ela chegou
antes da estrada

e o fruto da planta
continua a servir
de alimento
para os porcos.

E a flor da pitanga
continua a morrer
nos braços dos crédulos.

E o bicho daninho
continua sua engorda
no chiqueiro
malvado.

- *Meu Deus,*
a coisa está séria!

"Ave marinha
— (diria MD *MAGNO*!) —
cheia des graças,
seu humor é conosco. Benvinda entre as mil feras. Benvin-
do é o fruto de
nosso dente. E sus! Planta marinha. Mande o Deus rojar
por nós pegadores.
Agora que é hora de nossa morte."

Enfermos
já estamos (*ou não?*).

Não há vida
sem voo liberto

e a prisão
nos a'bate
(inconsciência é cela
velada sem grades,

mas pedras paredes
frias sem frestas
nem sonhos — sonhar com a
senhora liberdade!).

O humor
não resolve
nem o revólver
está em (pon-
to de) bala.

- Só a escola libertará!
Só a escola libertará!
- continuam bradando!

(Eis o hino que
se canta
à esquerda
do lago límpido

que inunda
silenciosamente
os cerros e plainos
da minha terra).

Mas como
se agoniza?

E idade não é sinal
              de experiência
                    quando pode ser
                              de esclerose?

Mas como
      se a estrada
           logrou chegar
                 depois que a
                        escola antes?
                                   (*como os fatos que*
                                           recupero agora?)

‘

É *Pound* quem diz nos Cantos que
                   aquilo que amas muito
                                 não será tirado de ti.
É ele quem lembra nos Cantos que
                     aquilo que amas muito
                              será a tua vera herança.
Aquilo que amas muito
            não será mesmo tirado de ti?
                                Aquilo que amas muito
                                  será mesmo a tua vera herança?

                                                 O que diz de fato
a (in)sanidade de *Pound*?

XIX
A ESCOLA QUE NÃO EMANCIPA

Há o pato
e o rato,
mas o gato é aquele
que importa.

Há o açoite
e a injúria,

mas a sedução
é que vale.

E há a confiança e
a contenda,

mas a resistência
é que conta.

O gato conclamou
os patos e os
ratos
para a semeadura
do milho.

Derrubada a capoeira
queimada a quiçaça,
a colheita foi boa.

O gato que
          administra os grãos
                    armazenou o milho

                                        (para efeito de segurança
                                              patos e ratos não estão
                                                            preparados
para gerir
     suas colheitas).

                         Os bichos de mesma
                                        rima
                                             que plantaram a terra,
só comem agora
          para produzir de novo
                         e enganar a fome.

Mas a esperança
          acalentada de que
                         o gato os
                                   recompensará um dia

os anima a
          semear outras
                    colheitas.

                                   A sedução é
                                             ferro que bem arranjado
                                                       corforma cruel

cativeiro:

- tem aparência
de liberdade.

Suas paredes
são gélidas,
autoritativas,
porém aliciantes
(e seu piso
convence
a um novo semear.
Só nunca acumular!)
Nem todos os patos
são patos como os demais patos.

Assim como ratos
existem diferentes
de outros ratos.

E como a lei
é a segurança
da ordem
(instituída),
alguns ratos
e
alguns patos

porque distintos,

mais espertos,
talvez mais impiedosos,
ou mais sôfregos
quem sabe,

não revolverão a terra
com seu trabalho,
mas a cabeça
dos semelhantes
ensinando
(o que dominam).

Que as coisas são assim
(e que assim devem
ser mantidas)
e não de outra maneira.

Ou que Deus fez
deste modo porque
para nós quer
apenas o nosso bem.

— Sementes corretas lavradas
daninhas plantas podadas:

Tal é o mister
desta diferente
plantação.

—Mas a escola libertará?

Assim como quem
com ferro fere

com ferro
será ferido.

Quem com fraude
ensina,
com malícia
será derrubado.
A borda não
afiada da faca

será ainda o fio
que trará
meias quentes
para abrasar os pés
dos justos
no seu ingente percurso.
Os inconfidentes terão
sua recompensa!

XX
A MORTE REFAZ A TERRA

E haja, afiançou *Augusto dos Anjos*,
"só amizade verdadeira de uma caveira
para outra caveira,
do meu sepulcro
para o teu sepulcro."

Por que
soam tão afinados
os ruídos do abismo?

Estas músicas envolventes
que conduzem a uma trilha
misteriosa,
lancinante e definitiva?

E por que
os seguimos
quando queremos
nos manter
vivos e ativos?

Como compreender?

Quanto a mim,
não tremo,
nem vacilo

diante da
cintilante luz que,
longínqua e
convidativa,
chama,
conclama e
convoca.

Neste mundo
importa duvidar
de tempos em tempos
do que é atraente e tentador.

XXI
A VAIDADE E A VIDA

O túmulo faz de todos
um mesmo homem.

A prostração,
começo.

O pó e
as cinzas,
depois.

Com a morte
só as aparências
diferem.

Sepulcros de
cores várias

ou covas
sem cal e flores.

Mas a essência
é a mesma;
democrática,
igual.

O silêncio eternal
e o tempo da ausência
dissipam as épicas conquistas,
o orgulho das glórias, troféus e medalhas
ou a humilhação dos padecimentos.

Dissolvem,
os confortos não compartilhados,
os inautênticos papéis desempenhados,
transfigurando a memória

dos corpos cindidos,
igualando a natureza
das comunhões improváveis,
das quedas e êxitos,
da claridade da lua distante,

das sombras fantasmagóricas,
dos ventos uivantes
e da linguagem apartadora
dos sujeitos estrangeiros
embora vizinhos em sítio comum.

A morte iguala os corpos
reduzindo a pó títulos e distinções,
enquanto na vida tudo não passa de vaidade,
vaidade das vaidades,
simplesmente vaidade!

XXII
A LEI DOS HOMENS

A lei dos homens
está afastada
do lei equânime.

É que o homem
pode ser humano,

mas a humanidade nem sempre,
nem sua obra.

Só a morte
os aproximará?

Mas a morte
não é só-morte;
pode ser vida,
também,

quando a vida
é morte

(uma morte
não inteiramente
perceptível
à primeira vista).

- Vivas à vida
abrigada em nós!

Uma morte-dia
diferente da
abissal-comum.

Esta,
a morte-fato.

Aquela,
libertadora,
a conquistada
morte-criação.

Presença que cura,
ausência que agride
(a cicatriz tenebrosa).

Os pombos
que procurem
a sua pousada
de luz!

XXIII
PAIQUERÊ PADECE.

Logo após
a invasão branca,
instigada pelo furor de Aquiles
transfigurado em trono do querer,
supondo nada haver de impossível
para as almas prenhes de férrea vontade,
a tribo armou-se de flecha
para retomar as suas terras.

Carthago delenda est, cla-
mou Catão!

Não desistiu
da bela flor
daquela planta.

Desceu até
a povoação em alvoroço
queimou casas,
igreja e edifícios públicos
cantando vitória.

Co ivi oguerecó yara!

Esta terra tem dono!

Com o fogo sugando os ares
ouviu-se, também ali,
o grito imorredouro que
celebrizou a bravura indômita
de Guairacá.

A fumaça do entorno
comprometeu respiração, olhos e ouvidos
e o aclamado triunfo virou revés;
- os kaingang perderam de novo tudo
restando apenas as chagas profundas
tratadas com pétalas de desalento.

Era hora de retroceder à reserva,
Inclemente labirinto
de solidão e desconsolo.

? Povo do
paiquerê
morreu?

— Ó lânguidas
ruínas noturnas!

Vidas errantes,
exploradoras.

Miséria da órbita humana,
margem paupérrima
do rio da cidade,
como ultrapassar as tuas bordas?

A turvação
encobriu sangrentas batalhas
e dramas pelo caminho
ilustravam insuportáveis lesões,

eis que úlceras
incandescentes
queimavam, latejantes,
enquanto a vileza
dos tempos
cravejava
a carne dos nobres vencidos.

XXIV
A BATALHA DO GENTIO

Um ovo se quebrou
- acredito!
Sua gema
espalhou-se pelo chão:

- na verdade era vida,
uma (se)mente
que sucumbiu.

Agora nem os pios soarão
no universo sonoro do caos,

pois a derrota trará silêncio
que se confundirá com a paz.

Um velho sonho afinal;
não serão raros
os momentos serenos.

Mas, logo virá o desespero
do encontro
com a pungente verdade.

São tantos os abusos
acintosamente ocultados
pela enganosa mansidão dos dias
que vozes estridentes
ecoarão novamente,
não pedindo a paz
dos abatidos
pois estes não a querem,
mas a batalha marcante
do cotidiano.

Quando o remanso autêntico
e verdadeiro
será vislumbrado,
radiante,
no cenário do entrevero.

XXV
QUE FAZER?

Que fazer
quando o momento inerte
vira eternidade
e o ânimo impotente
parece perpetuar-se
no horizonte
corrompido?
Um cárcere cego
mostra seus dentes de sabre:

- poucas réstias estelares
alumiam o porvir.

O desânimo se torna
companheiro incômodo
do momento.

Nem mais penso em desespero,
grito ou suspiro;

apenas soluço
com as glândulas oftálmicas a
rebentar açudes transbordantes
de límpidas lágrimas a rolar frias e cáusticas
por minhas castigadas faces.
Pare! - digo a mim mesmo.

Planejo metas necessárias
e agradeço minh'alma pelo
desprezo que dirijo aos
algozes:

clamo por justiça
e a identifico com a compaixão,
o milagre,
a pena e a graça,
pavimento do caminho de volta,
um decisivo passo à frente,

a sensação perturbada
de miséria humana abafada
com heróis, fadas e magos
desenhando utopia.

Só que, por enquanto,
pouco resta a fazer.

\- Ou não?

Eis que congelo e permaneço
sem saber o que é real...
- Afinal, enlouqueci?

O entendimento do mundo da vida
está cada vez mais distante,
afastado,
inacessível...

XXVI
QUANDO SOMOS OUTRO

Polifemo maldito:
tolo e brutal cíclope.

Cansei de confutar
tua conduta
tentando infertilizar
tua feição belicosa.

Não supero
o cansaço da liça,
nem moro na porta
do precipício.

Só busco a essência do brilho,
e a luz do efeito (e)terno.

Polifemo:
- tu és miserável,
além do mais,

(reclamas tua caverna
esquecendo que perdeste arrimo).

Pedecerás — o tempo dirá;
o correr dos dias
(fluxo de acaso e desígnio)
haverá de fulminá-lo.

Choras agora, mas perdão não existe!
Teu martírio é iminente — todos pressentem!

Os justos voltarão a cantar!

XXVIl
NASCE UM POVO

O gentio
vencido, esgotado, exausto
tendo perdido o ímpeto guerreiro
redesceu à vila,
desta vez sem armas
sem ira, sem lanças,
sem promover ritual na igreja
ou incendiá-la.

Alquebrado, aldeado,
abatido,
estendeu a mão,
procurando comunhão.

Chegou para vender
palmito e cestaria,
trocar por prato,
trocar por pão,
sobreviver e ajuntar
poucas moedas.

Puxando a mula apinhada,
caminhando descalço com a maltratada roupa em desalinho,
pele de bronze com soturnos olhos
amendoados e levemente puxados,
oscilando entre o sorriso pueril e a melancolia estampada no rosto,
extenuado, manso e gentil,
esta imagem desoladora
ficou inscrita na memória.
da minha infância.

Na caminhada,
conheceu moça bonita e
nasceu menino.
A cidade teve que
brotar, perecer e renascer muitas vezes.
Reviveu com o suor

dos operários remanescentes
das velhas serrarias desterradas,
com a união entre o Kaingang e José ou Maria,
com os discípulos franceses do *Dr. Faivre*
que abandonaram o sonho comunitário
da Colônia Thereza Cristina às margens do Ivaí,
com alguns exilados da Guerra do Contestado,
com o últimos desertores da Revolução Federalista,
e com os povoadores, conquistadores, colonos e grileiros
provenientes de outras paragens,
sobretudo polacos e ucraínos saídos das bandas de
Prudentópolis que, destemidos, venceram
a íngreme Serra da Esperança alcançando as
colinas úberes do Paraná central.

Juntaram-se, provavelmente, ao povo originário
das bandas que já foram espanholas,
remanentes das antigas missões jesuíticas,
de Guahyrá até a Villa Rica del Espirito Santo,
fugitivos das cruéis bandeiras caçadoras de cativos
que escapuliram pelas águas do Piquiri,
com mais de setecentas canoas,
sob as ordens do precavido Padre Montoya,
ou grupos provenientes de Koran-
-Bang-Rê, dos campos de Guarapuava ocupados por ordem
de Dom João VI ou
do Fortim Atalaia erigido pela Real Expedição de Conquista
e Povoamento daquelas paragens.

De todos, opressores e oprimidos,
colonizadores e explorados,
lavradores e serradores,
descendeu uma linhagem de pioneiros
impetuosos, confiantes e resolutos,
lutadores obstinados,
habituados à dureza da lida
e desejosos de terra e liberdade,
ainda que à custa de conflitos e embates.

Não houve, na formação da cidade, um Enéas
a fundar Roma após evadir-se da Tróia em ruínas,
um Kubitschek erigindo
a nova capital da república,
nem um Raposo Tavares,
Fernão Dias ou Manoel Preto,
agitadores dos tempos sangrentos
de longos deslocamentos (*para*
escravizar a comunidade laboriosa
daquelas venturosas e paradoxais reduções jesuíticas),
a formar, pelo caminho, novos araiais.

Aquela povoação nasceu, sem plano,
por necessidade e cobiça,
consumindo sangue,
sofrimento e labuta,
pelas mãos de gente calejada,
valente, sanguínea, humilde e briosa que, entre
hostilidades e

comunhão, cruzando todos os mares,
dobrou o Cabo das Tormentas e,
concluída a viagem (Odisséia campeira),
deu origem a um

povo, uma identidade, uma esperança
e *uma nova cidade*
(batizada com o nome
da serra contígua).

XXVIII
O DESPERTAR DOS POMBOS

A terra mostra
os seus próprios caminhos;

O rebenque
recheia maranhas
na cobertura dos prados:

- marcas que desnudarão
o curso acidentado
seguido pelo tempo
até agora,

retratando a crueldade, os erros,
a fúria ou doçura,
as lendas e mitos,
que forjaram aquelas terras.

Indígena, explorador ou pioneiro,
na cabeça de todos
pulsavam as dúvidas de Hamlet.

Como enfrentar o paiquerê esvaído,
o pinheiro derrubado,
a mata agonizante,
a pilhagem dos expropriadores
sem velas
sem preces?:

— (*Rogação*
só para o santo
do suplicado milagre!).

O oceano verde
onde todos mergulhavam
foi retalhado.

Vazaram a água,
secaram o mar.

Quem ganhou?

As abelhas sem asas
que deitaram a mataria,
que afugentaram a indiarada,
que rolaram as toras

em busca de ouro e prata,

quando a imensidão azul secou
morreram de sede:

- não acumularam
água!

As mãos voltaram-se para a faina
naquela sucessão incontável
de belas coxilhas.
A enxada e a foice trariam alimento,
o horizonte se abria até entre Ubá e o Rio do Tigre.

Mas há malfeitores que
fabricam papéis,
que processam os utentes,
que usurpam as suas terras.

E há o Estado que nem sempre
se põe ao lado dos que laboram,
e há a Justiça que erra e demora
na solução das armadilhas.

A revolta irrompeu entre os colonos,
que tomaram a comarca,
que cercaram o Fórum,
que agarraram os autos e,
que, espantando os atônitos olhos
que na rua

testemunhavam
o ato multitudinário,
queimaram o feito.

Seria um simples e robusto ato de protesto
prenunciando desobediência civil

que fugiu do controle, cedendo lugar
à fúria dos desvalidos.

O escândalo alarmou as autoridades
a imprensa reportou em jornais e revistas,
foram, a muito custo, as providências tomadas,
os grileiros punidos,
prevalecendo a lei e a razão.

Há tempos em que não se faz justiça
senão através das portas da ira!

História que
a terra conta,
pretexto
para rememorar
os fatos.

Semeador, declama *Brecht*,
"... prepara a tua foice;
vais usá-la para colher o amanhã
que se tornará o teu verdadeiro hoje."

XXIX
UMA POMBA ALÇA VOO.

Desfolhar
taperas
uma a uma,
as suas paredes,

de tábuas e tocos
de lenha,
para depois
meter fogo.

Construir nova casa!
Não sei
se é medida
mais certa,

só que assim
a rebeldia
afoga a mágoa
dissimulada,
acanhada,

que inunda
o peito sem leme
das gentes do sítio.

Talvez
a feição do ato
não interrompa
o silêncio agora.

Mas frio
que faz seco
em capim
muda o curso
dos fatos um dia.

Daí sim
o céu bRiLHarÁ
lamentando
o tardio
terremoto
para demonstrar às
antes arrefecidas
almas,
que paiquerê
se conquista
com batalha
e esperança.

Pois se a valiosa
utopia
em brasa
e fogo

faz carvão
da realidade
absurda,
é porque benfazejo
proceder insurgente
reforça o estratagema robusto
da liberdade emergente.

Paiquerê é o Jardim do Éden,
a Terra Prometida,
a Nova Atlântida,
a Cidade do Sol,
a Utopia de Morus,
a Ítaca de Penélope e Ulisses,
o paraíso
a esplender de abundância, ternura
e vida e
espargir audácia
sobre o povo aguerrido daqueles territórios
sequiosos e embevecidos.

É, também,
promessa sempiternal refulgente,
, poderosa fábula e
distante miragem,
um sonho imanente
à natureza humana.

XXX
ÚLTIMO DOS SEGUNDOS CANTOS

Os anos dourados das descobertas
ficaram no passado;
passei por demasiadas praças,
ganhei e perdi muitas batalhas.
o olhar não é o mesmo,
e o encantamento **é** só memória.

No coração não há agitação, mas distância,
uma mirada com sentimento, mas serena,
o que era experiência e cumplicidade, agora é história
e, contudo, já atravessei aquele cenário,
já abracei aqueles cerros e vales
e já transitei por aquelas ruas que já foram minhas.

Tecemos e destecemos nossos sendeiros.
Sonhamos as melhores fábulas e viajamos
na direção ou contra os ventos em busca do paraíso,
céu terreno, este lugar,
como as nuvens e as estrelas,
que está sempre a fugir de nós.
Ficamos comovidos com a condição humana
e a revolta é a reação natural contra a brutalidade e o flagelo.
Esperamos, e a espera é esperança e desconsolo,
um rolar imparável da pedra de Sísifo
para encontrar algum sentido nesta vida
quase insignificante diante da vastidão infinita do universo.

E nessa toada, o sangue continua a escorrer das veias feridas e algum aprazimento continua a confortar o espírito laborioso dos homens e mulheres que constroem aquela cidade.

ÍNDICE

LIVRO I

LIVRO II

PRIMEIROS CANTOS

SEGUNDOS CANTOS